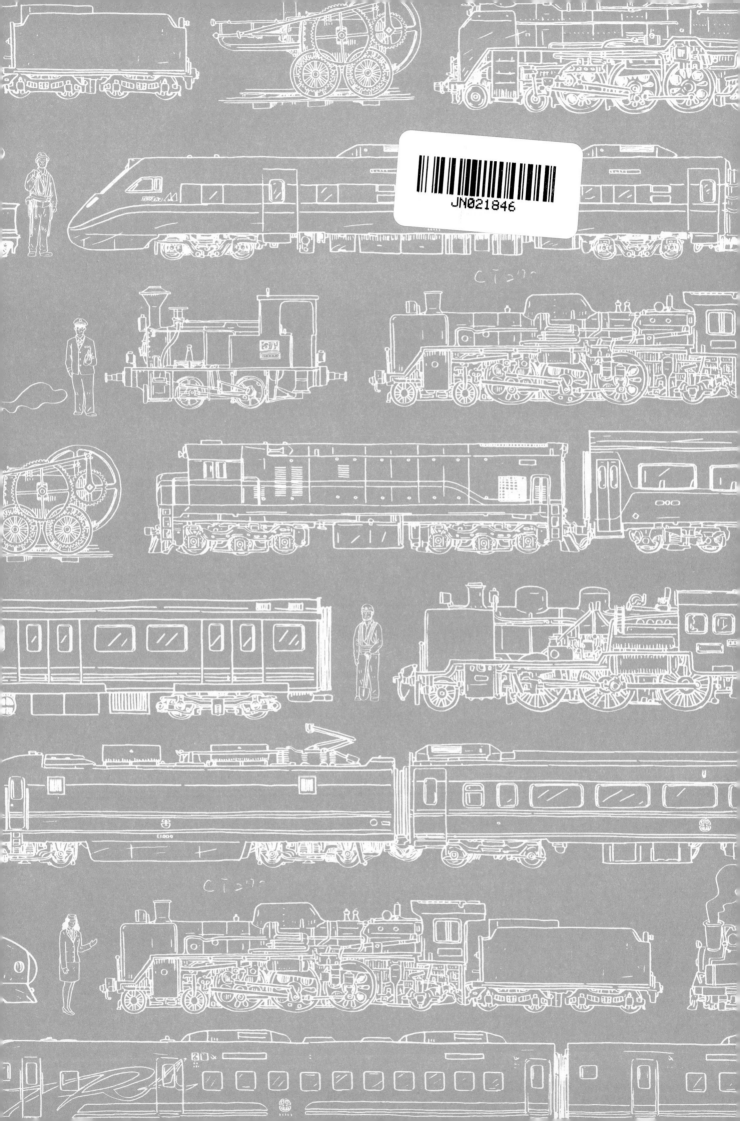

History of Taiwan Railways

台湾鉄道

古庭維［文］　　Croter［絵］

栗原景［監修］　　倉本知明［訳］

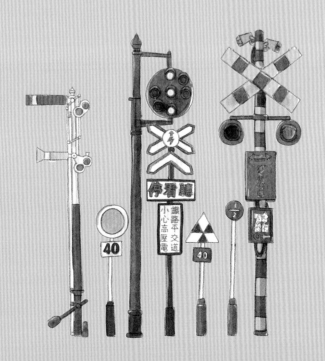

目次

1830 年代、鉄道は陸上で最も信頼される交通手段となりました。牛車や馬車、水運と比べても、鉄道は速い上に輸送力も高く、安全で快適でした。技術の進歩とともに、これらの優位性はさらに高まっていきました。

19 世紀末、台湾にもついに鉄道が伝来しました。他の国と同様、この新たな輸送手段は台湾に猛烈な発展と繁栄をもたらしていきます。

この 100 年あまり、大小さまざまな列車が各地のレールを走ってきました。ある列車は飛ぶようなスピードで、またある列車はゆっくりと走り、幅広い産業と人々に奉仕してきたのです。こうして台湾の鉄道史に、バラエティに富んだページが刻まれていきました。

鉄道の起源

人類は古くから軌条、つまり「レール」を使って移動や輸送を行ってきました。初期の動力は人力や家畜でしたが、蒸気機関が発明されると、レールは私たちがよく知る「鉄道」へ姿を変えていきました。

今から6000年前、人類は文字よりも先に車輪を発明しました。箱や板に回転する車輪を取り付ければ、大きな荷物を運べることを思いついたのです。やがて、地面の状態が悪いと車輪を使ってもうまく進めないことにも気付きます。およそ2000年前、泥に残った轍を観察した人類は、轍に沿って進めば車がスムーズに進むことを発見しました。これが「軌条」、つまりレールの始まりとされています。考古学者は、あらゆる古代文明において人類がレールを使った痕跡を発見しています。レールによる輸送は、人類の歴史とともに進歩してきたのです。15世紀以降、欧州では木板の道路と木製レールが発展していきます。これらは馬を主な動力とし、当初は土木工事に使われましたが、後に旅客輸送にも使われるようになりました。

前代未聞の大転換

やがて、大変な事態が起こりました。木製レールを使い家畜が牽引していた貨物輸送が、現在私たちのよく知る鉄製レールと蒸気機関に替わったのです。これが18世紀中頃に起こった産業革命です。産業革命は英国で興りましたが、そのカギのひとつが、ワットによる蒸気機関の改良でした。水を沸騰させると生じる、蒸気が膨張する力は人間や家畜の力よりもはるかに強く、かつて見たことのないほど強い動力をもたらしました。蒸気機関は人力や家畜に取って代わっただけでなく、それまでの人類には不可能だったことを可能にしたのです。

ワット

ワットの蒸気機関

産業革命以降、人々は大量の石炭を採掘して蒸気機関の燃料としました。英国の鉄鋼採掘と製鉄の技術は、こうした産業の重要な基礎となります。旧来の木製レールによる輸送は、新たな科学技術に追い抜かれ、やがて鉄製レールを生産して、より大量の資源や商品を輸送する試みが行われました。一方、発明家たちは蒸気機関を車輪に結び付け、大量の物資を載せた車両をより速く走らせ、しかも家畜のように疲弊することなく輸送し続ける技術を生み出します。

初の蒸気機関車の登場

英国人トレヴィシックは、歯車装置を使って、蒸気の力を車輪の回転運動に変換することに成功しました。1804年2月21日、この奇妙な機械を初めて走行させ、人類史上初の蒸気機関車を誕生させます。しかし当時のレールはまだ質が悪く、この機関車が実用化されることはありませんでした。

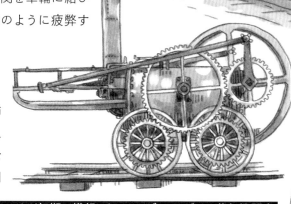

トレヴィシックが初期に構想したコールブルックデール蒸気機関車

営業運転を行った最初の蒸気機関車

しばらく後、同じ英国人のスティーブンソンが機関車「ロコモーション号」を設計、1825年に英国中部のストックトン&ダーリントン鉄道で運行を開始しました。これが世界で最初に営業運転を行った蒸気機関車です。興味深いことに、蒸気機関車が実用化されても、すぐに全ての列車が蒸気化されたわけではなく、多くの列車は依然として馬に牽かれていました。

蒸気機関車のみを使用した最初の鉄道

さらに数年が経ち、リヴァプール&マンチェスター鉄道があるコンペを開催しました。それは、新しい路線で使用する最も優秀な蒸気機関車を選ぶというもの。コンペの結果選ばれたのは、技術的に頭一つ飛び抜けていたスティーブンソンのロケット号でした。ロケット号に使われた技術の多くは、その後の蒸気機関車の原型となりました。

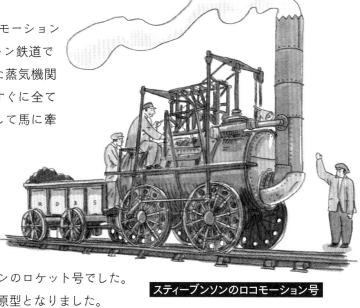

スティーブンソンのロコモーション号

鉄道の建設ラッシュ

1830年に開通したこの新路線は、史上初めて蒸気機関車だけで運行された鉄道でした。以来この発明は世界中で認められ、鉄道の建設ラッシュは英国から世界各地へと広がっていったのです。もちろんこうした動きは日本や中国、そして台湾にも伝わっていきました。

完成度が高かったロケット号

清朝時代の台湾鉄道

19世紀初頭、英国で始まった鉄道建設の潮流は、半世紀を経て大清帝国にも到達しました。国力が衰えゆくなか、清朝の大臣たちは西洋の「高度な科学技術」を、国家を救う特効薬と考えたのです。そこには当然、蒸気機関車と鉄道の建設も含まれていました。当時の台湾は、福建省から分離された福建台湾省が設置されて間もない頃で、最新技術の多くが台湾で最初に実施されました。

全台鉄路商務総局の成立

台湾に鉄道が建設された当初の目的は、旅客輸送ではありませんでした。1876年、清朝は八斗子の炭坑を開発するために、坑外に軽便鉄道を敷設しました。トロッコに石炭を載せて港まで輸送し、船に積み込んだのです。本格的な蒸気動力の鉄道建設が始まったのは、1887年のことです。当時、清国はフランスとの清仏戦争を経験したばかりで、基隆はフランス艦隊の攻撃を受けていました。台湾巡撫に赴任した劉銘伝は、防衛や経済発展の観点から鉄道敷設が喫緊の課題であると考え、基隆〜台南間の鉄道建設を提唱します。この大きな目標を達成するため、劉銘伝は宮廷に上奏して許可を得ると、「全台鉄路商務総局」を設立して建設に着手しました。

難局に直面

19世紀末の大清帝国にとって、鉄道は依然として斬新かつ高度な科学技術でした。機関車の製造や軌道・枕木の敷設、橋梁やトンネルの建設といった技術はまだ清国になく、計画立案から工事まで、一切を外国の技師や製造業者に頼らざるを得なかったのです。当時、台湾の大部分はいまだ「産業革命」以前の前近代的な状態にあり、鉄道の建設にはさまざまな困難が立ちはだかりました。

淡水河

台北〜新竹間では、淡水河を含む大河川をいくつも越えなくてはなりませんでした。しかし資金が不足していたので、多くの橋梁は木造で建設され、全長が長い大河川のみ高架な鉄製橋梁が架けられました。

機器局

兵器工場ながら鉄道車両の検修機能を備え、台湾初の近代的工場となりました。

台北〜新竹間

台北〜新竹間は、台北市内の大橋頭で淡水河を越え、淡水河左岸の新荘、迴龍を経て、亀山の深い谷を経て桃園に到着するなど、現在のルートとは全く異なっていました。

頭重

大湖口

鳳山崎

新竹

1888年　台湾初の蒸気機関車であるドイツ製騰雲号が台湾に到着。

1891年　台北大稲埕〜基隆港間の鉄道が開通。

1893年　台北から約80kmの新竹まで延伸。当時台湾巡撫（地方長官）を引き継いだ邵友濂は、鉄道敷設工事は当時の政府にとって技術的にも財政的にも大きな負担であるとして建設中止を決定、新竹以遠は建設されなかった。

大稲埕

鉄道の起点に大稲埕が選ばれたのは、ここが淡水河下流の重要な河岸で、輸入された資材や設備が陸揚げされる場所だったからです。

獅球嶺トンネル

基隆の手前、最も高所に作られた獅球嶺トンネルは全長235m。地質が悪く、測量技術が未熟であったため建設は困難を極めました。

基隆港

鉄道が開通すると、当時台北で作られていた米や茶葉を基隆港まで運び、すぐに輸出できるようになりました。

台北から基隆

基隆への鉄道は、台北を出発すると基隆河に沿って進みましたが、地形は平坦ではなく、いくつもの山や丘陵地を越えなくてはなりませんでした。

基隆

八堵

水返脚

台北

桃仔園

台湾縦貫鉄道

日清戦争後、清国は澎湖諸島及び台湾を日本に永久割譲しました。台湾に進出した日本軍は、基隆の鉄道施設を調査しましたが、機関車や軌道、駅、保線施設といった設備はほとんどが破壊されるか解体されるかしていて、十分に機能できない状態でした。日本軍は台湾に進駐した当初、基隆から台北への物資輸送に既存の鉄道を活用しようと考えていましたが、ゆっくり動かすだけでも、数十人がかりで車両を押さなくてはならないという状況だったのです。この「手押し列車事件」は、当時日本で話題になったかもしれません。

最初に活躍した軽便トロッコ軌道

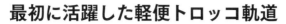

台湾を近代化し統治するためには、まず輸送の問題を解決しなくてはなりません。日本の陸軍は、台湾西部に向けて「軽便線」と呼ばれる簡易軌道を急いで建設し、人力による手押しトロッコで新竹以南の鉄道未成地域へ物資の輸送を行います。このトロッコは市民が乗車したり、荷物を送ったりすることも可能でしたが、運行に多くの人手を要するわりに、輸送力は極めて限られていました。しかもこの軌道は軍事優先で、市民や民間企業が普段の輸送手段として頼ることはできなかったのです。読者の中には、「鉄道が使えないのなら自動車があるじゃないか」と考える方もいらっしゃるかもしれません。しかし、当時最先端の科学技術を有していた欧米諸国でさえ、自動車はまだごく初期の車両が現れたばかりでした。台湾はまともな鉄道がないどころか、自動車が安全に走れる近代的な道路もありませんでした。

基隆から新竹までの旧路線をリニューアル

縦貫鉄道の整備にあたっては、新規路線の建設だけでなく、清国政府が建設した既存の区間も新しく作り直されました。険しい獅球嶺トンネルは緩やかな竹子嶺トンネルへ切り替えられ、台北〜桃園間も、新荘・亀山経由の急勾配

が連続する山岳ルートから、比較的平坦な板橋・鶯歌経由に付け替えられました。基隆〜新竹間で清国時代に建設されたルートが維持されたのは10kmにも満たず、事実上、日本が新たに作り直したと言えるでしょう。

南へ延びる鉄道

北部で大掛かりな工事が行われていた頃、南部でも新路線の工事が始まっていました。縦貫鉄道の南の起点となったのは、劉銘伝が当初計画していた台南や安平港ではなく、さらに南の天然の良港を備えた打狗こと現在の高雄でした。1900

獅球嶺トンネル

年11月29日、打狗〜台南間が正式に開通して、台湾南部初の鉄道路線となりました。南部の路線は、その後も徐々に北へ伸びていきます。一方、北部からの路線も新竹から徐々に南へ延伸し、1905年には縦貫鉄道全体のうち、現在の台中市の北にあたる中部工区の三義〜豊原間約20kmを残すのみとなりました。ところが、ここからが大変だったのです。この区間では、山岳地帯を抜け大安渓のような河川をいくつも越えなくてはなりませんでしたが、地盤が軟弱で、橋梁やトンネルの建設は困難を極めたのです。台湾中部には港や道路が整備されていなかったことも、工事物資の輸送を困難にしていました。

基隆から高雄へ至る縦貫鉄道の完成

各工区の建設担当者たちは、トンネルからの出水や地山の崩壊、あるいは河川の増水による橋脚基礎の流失といったさまざまな事故をひとつひとつ克服していきました。最も困難とされた大甲渓橋梁と九号トンネルが相次いで完工すると、1908年4月20日、縦貫鉄道はついに基隆〜打狗（高雄）間の全線が開業しました。竣工までに3年を要した中部工区には9カ所のトンネルと4本の橋梁があり、縦貫鉄道計画で最も輝ける区間として、今日も多くの土木建築遺産が残されています。この中部工区を含む竹南〜台中〜彰化間は、今日「山線」として知られています。

近代化のスタートとその基礎

現在の私たちには想像できないかもしれませんが、まだ鉄道がなかった19世紀末、台北から台南への最も便利な交通手段は、大陸のアモイを経由する船旅でした。南北を貫く縦貫鉄道が完成して、初めて島内の移動が容易になったのです。各地の産業も鉄道の開業と共に発展し、また海と陸の交通も接続されました。こうして、鉄道の終点である港から、船で海外に商品を輸出することが可能になりました。

河川が阻んだ南北の交通

台湾の河川の多くは東西に流れています。台湾北部の雪山や中央山脈に源を発した渓流は、平野部に流れる過程で川幅が広くなります。縦貫鉄道の建設以前は橋などのインフラが整っていなかったので、雨季になると川は増水し流れも速くなり、南北間の連絡は完全に途絶えてしまっていました。
こうした自然環境によって台湾人は川を渡らない東西の移動に適応し、むしろ海外との貿易が活発だったのです。現在では想像しがたいことですが、鉄道がなかった19世紀末、台北から台南へ移動するには、まず船で大陸のアモイに行ってから台南へ向かっていました。1897年に西海岸沿いの定期船が就航しますが、台北から打狗(高雄)への移動には3日間もかかったのです。

台湾島内の生活圏が形成

南北間の交通が不便だった時代、台湾の人々の生活圏は自ずと狭くなり、地域間の交流もほとんどありませんでした。「フォルモサ」と呼ばれた台湾は、早くから西洋の地図に登場していましたが、その台湾に暮らす人々には、自分たちが台湾の人間であるという意識はありませんでした。縦貫鉄道は台湾の南北の壁を取り除きましたが、それは地理的な障害だけでなく、人々の心にあった壁も取り除いたのです。3日間の不安定な船旅が、わずか14時間の快適な鉄道旅行へ大幅に短縮された衝撃は大きく、時間的にも空間的にもそれまでにはなかった体験でした。台湾各地の人々は、南北間を行き来する機会が増えるとやがてひとつの島という意識が芽生え、「台湾意識」が形成されていったのです。「私は台湾人です」という言葉が定着したのも、縦貫鉄道が開通したおかげといえるでしょう。

嘉義（かぎ）

高雄（たかお）

下淡水渓（しもたんすいけい）〔高屏渓（こうへいけい）〕

台南

濁水渓（だくすいけい）

北港渓（ほっこうけい）

曾文渓（そぶんけい）

二層行渓（にそうこうけい）

3日

14時間

近代的発展に向けて

島内の移動が容易になったことで、各地の産業も急速に発展していきました。鉄道を使って貨物や商品を基隆港や打狗港へと輸送し、そのまま海外へ輸出できるようになったのです。1908年の縦貫鉄道開通の意義は、交通手段が増えただけに止まらず、台湾の近代的発展の起点となったことでした。時間と空間の短縮が世界に届く手となり、その後100年にわたる台湾の未来を作り上げることになります。

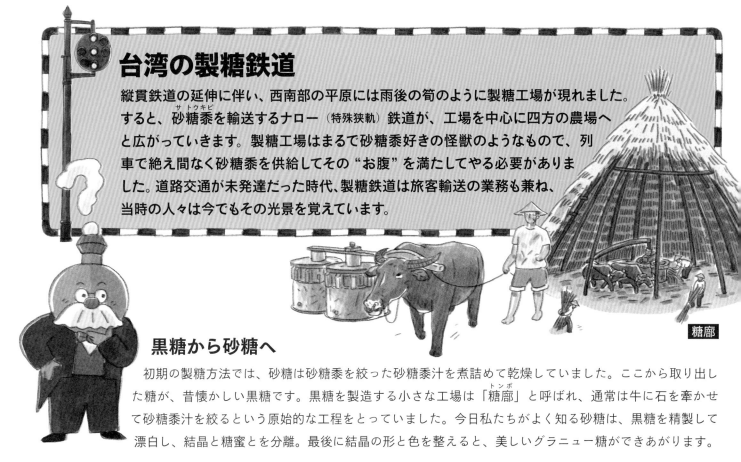

台湾の製糖鉄道

縦貫鉄道の延伸に伴い、西南部の平原には雨後の筍のように製糖工場が現れました。すると、砂糖黍を輸送するナロー（特殊狭軌）鉄道が、工場を中心に四方の農場へと広がっていきます。製糖工場はまるで砂糖黍好きの怪獣のようなもので、列車で絶え間なく砂糖黍を供給してその"お腹"を満たしてやる必要がありました。道路交通が未発達だった時代、製糖鉄道は旅客輸送の業務も兼ね、当時の人々は今でもその光景を覚えています。

糖廍

黒糖から砂糖へ

　初期の製糖方法では、砂糖は砂糖黍を絞った砂糖黍汁を煮詰めて乾燥していました。ここから取り出した糖が、昔懐かしい黒糖です。黒糖を製造する小さな工場は「糖廍（トンボ）」と呼ばれ、通常は牛に石を牽かせて砂糖黍汁を絞るという原始的な工程をとっていました。今日私たちがよく知る砂糖は、黒糖を精製して漂白し、結晶と糖蜜とを分離。最後に結晶の形と色を整えると、美しいグラニュー糖ができあがります。

港から製糖工場へ

こうした製造過程を近代化した製糖法が、いわゆる「新式製糖」と呼ばれるものです。台湾初の新式製糖工場は、1902年に設立された橋仔頭製糖所（きょうしとう）でした。現在の高雄市橋頭区にあたるこの場所に巨大な製糖工場が建てられた背景には、1900年に打狗（高雄）から台南に至る縦貫鉄道が開業したことがあります。海外から輸入した建築資材や製糖機器、設備などが、港から列車へと積み替えられ、橋仔頭まで運ばれていったのです。製糖工場は縦貫鉄道の駅に近く、工場で生産された砂糖も、また縦貫鉄道で港まで運ばれて輸出されました。

2種類の軌間（線路幅）

製糖工場の生産ラインは日々稼働し、砂糖黍好きの怪獣のように絶え間なく砂糖黍を呑み込んでいきました。伝統的な牛車や人力の軽便鉄道では輸送力が足りず、とてもこの大きな胃袋を満たせません。ハワイの製糖業を視察した製糖会社は、1907年9月、砂糖黍輸送に蒸気機関車を導入することを決定します。砂糖黍鉄道の軌間はわずか762mmのナローゲージで、現在台鉄（台湾鉄路管理局）が使用している1067mmの狭軌と比べるとずっと狭く、車両も小柄でかわいいものでした。

台湾製糖蒸気機関車
日本車輌製造株式会社

台湾製糖勝利号の乗用車両

荷物も人も載せて

縦貫鉄道が北へと延伸するに従い、西南平野には次々と製糖工場が建てられました。砂糖黍を運ぶナローゲージの鉄道は、製糖工場を中心に放射状に延び、周囲の農場へ接続されていきます。砂糖黍の他にも、製糖時に生まれる泥をろ過して肥料にしたり、砂糖から分離された糖蜜を発酵させてアルコールやうま味調味料の原料を生産したり、砂糖黍の絞りかすを紙や中質繊維板に加工したりすることもできました。これらの副産品は、生産された砂糖とともにすべて製糖鉄道で輸送されました。道路交通が未発達だった時代、製糖鉄道は旅客輸送も行っており、登下校時などの多くの人が小さな車両で身を寄せ合っていました。遠出する人は、この小さな列車で縦貫鉄道の駅へ行き、乗り換えていたのです。

台湾の森林鉄道

人類が木材を運用した歴史は、そのまま人類の歴史と重なります。木材は、日用品から壮大な建築物に至るまであらゆる用途に使われ、私たちの生活はいたるところで木材に依存しています。かつては鉄道車両にも大量の木材が使われていましたし、縦貫鉄道のような巨大なプロジェクトでも、木材は欠かせない資材でした。台湾の統治権を手に入れた日本政府は、ただちに大規模な資源の実地調査を行い、平原から深山に至るまであらゆる場所の現状と資源分布を記録していきました。こうして明らかになった膨大な資源をスムーズに搬出するため、当局は山林を縫うように走る森林鉄道の建設を早急に進め　　　　　　　　ていったのでした。

阿里山の神木

明と清の時代、台湾では木材の多くは平野部に近い低山から伐採されていました。日本の統治が始まると、より大規模で、精緻な探索が行われます。すると、嘉義の東にある阿里山で、それまで嘉義周辺でしか使用されていなかったタイワンベニヒノキとタイワンヒノキの広大な森が発見されました。その広さと質の高さに驚嘆した日本人は、ただちに開発を計画。電動ノコギリがない時代、樹齢1000年に及ぶ大木を切り倒すには、多くの時間と労力を要しました。大勢の労働者を山に常駐させ、山の生活に慣れさせなくてはならなかったのです。苦労して大木を伐採しても、どうやって麓の嘉義まで輸送するかが大きな問題でした。そこで、台湾総督府は米国にならい、海抜31mの嘉義から海抜2000mを超える阿里山まで、山中を蛇行しながら登る鉄道を建設します。列車を使って、大木を街へ輸送することにしたのです。

嘉義製材所

世界に誇る阿里山森林鉄道

阿里山森林鉄道は1906年に着工しましたが、建設は困難を極めます。木材搬出により縦貫鉄道の建設を支援する目的を達成できず、2年後にいったん建設が中止されたのです。2年の準備期間を経て工事が再開されると、1912年12月にようやく開通しました。当初終点は二万平でしたが、営林場の拡大に伴い沼平まで延伸します。嘉義〜竹崎間は平野で、砂糖黍輸送にも活用されました。竹崎からは勾配が始まり、最初は地形に合わせて緩やかに登っていきます。独立山付近の、らせん状に山を登る「スパイラルループ」と、屏遮那〜阿里山間にある進行方向を変えながら登っていく「スイッチバック」は、その工学的価値が現在でも評価されています。ただし所要時間は非常に長く、輸送効率は期待されたほど上がりませんでした。

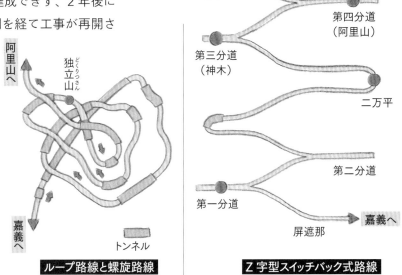

阿里山へ / 嘉義へ / 独立山 / トンネル

ループ路線と螺旋路線

タタカへ / 眠月、祝山へ / 沼平 / 第四分道（阿里山）/ 第三分道（神木）/ 二万平 / 第二分道 / 第一分道 / 屏遮那 / 嘉義へ

Z字型スイッチバック式路線

木材運送の終焉

阿里山に続いて、台中の八仙山と宜蘭の太平山でも良質な山林が発見され、阿里山とともに二大営林場と呼ばれました。阿里山とは異なり、八仙山で採用されたのは、斜面を登るケーブルカーでした。斜面にレールを敷き、ケーブルでトロッコを牽引する方式です。一方、太平山では架空索道（ロープウェイ）が開発されました。これは森林鉄道と組み合わせ、トロッコをそのまま木材とともにロープウェイで移動させる方式で、1930年代以降、台湾における森林鉄道の主流となりました。しかし60年代以降、三大営林場は資源の枯渇により次々と伐採を停止。花蓮の林田山や哈崙、嵐山などが台湾最後の森林鉄道となります。山林保護の意識が高まるにつれて営林場での伐採は姿を消していき、森林鉄道は89年7月にその歴史に幕を下ろしたのでした。

米国ライマ社のシェイ式蒸気機関

空中ケーブルで運ばれる巨木

形作られる台湾鉄道網

縦貫鉄道がまだ計画段階にあった時、台湾総督府は早くも路線延長の可能性を研究していました。「探検隊」は山林に分け入って踏査を行い、中央山脈を東西に横断する鉄道の可能性を探る一方、知られざる高山地帯を探索していました。しかし、台湾の高山地帯は地形が非常に険しく、鉄道を敷設するのは夢のまた夢でした。台湾横断鉄道の建設は現代の技術をもってしても難しく、いまだ実現に至っていません。

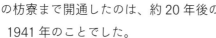

下淡水渓鉄橋〔現在の高屏旧鉄橋〕

屏東線が枋寮に到達

縦貫鉄道が開通する前年の1907年、打狗から東部の九曲堂に至る鳳山支線が開通しました。これが屏東線の始まりです。屏東一帯は農業が盛んでしたが、農産物の輸送には不便でした。1909年に製糖工場が設立されると、その生産量はすさまじく、鉄道敷設のニーズが高まります。しかし九曲堂と屏東の間を流れる下淡水渓（現在の高屏渓）は川幅が非常に広く、本格的な鉄道橋が架設されて阿猴（現在の屏東）まで往来が可能になったのは、1913年末のことでした。屏東以遠への延長はすぐに進んだわけではなく、1920年に15km先の潮州まで延伸。1923年に、屏東平原に作られた2つ目の製糖工場がある南州まで延びます。終点の枋寮まで開通したのは、約20年後の1941年のことでした。

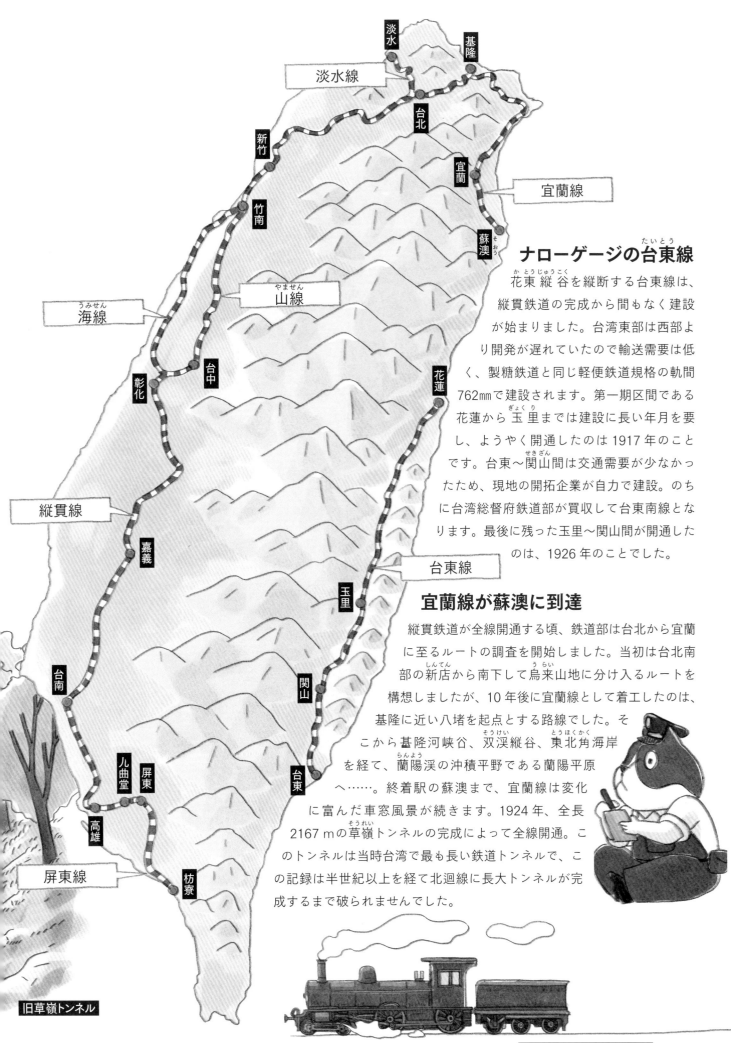

淡水線

基隆

淡水

台北

新竹

宜蘭

宜蘭線

竹南

蘇澳

山線

海線

台中

彰化

花蓮

縦貫線

嘉義

台東線

玉里

台南

関山

儿曲堂

屏東

台東

高雄

屏東線

枋寮

旧草嶺トンネル

ナローゲージの台東線

花東縦谷を縦断する台東線は、縦貫鉄道の完成から間もなく建設が始まりました。台湾東部は西部より開発が遅れていたので輸送需要は低く、製糖鉄道と同じ軽便鉄道規格の軌間762mmで建設されます。第一期区間である花蓮から玉里までは建設に長い年月を要し、ようやく開通したのは1917年のことです。台東〜関山間は交通需要が少なかったため、現地の開拓企業が自力で建設。のちに台湾総督府鉄道部が買収して台東南線となります。最後に残った玉里〜関山間が開通したのは、1926年のことでした。

宜蘭線が蘇澳に到達

縦貫鉄道が全線開通する頃、鉄道部は台北から宜蘭に至るルートの調査を開始しました。当初は台北南部の新店から南下して烏来山地に分け入るルートを構想しましたが、10年後に宜蘭線として着工したのは、基隆に近い八堵を起点とする路線でした。そこから基隆河峡谷、双渓縦谷、東北角海岸を経て、蘭陽渓の沖積平野である蘭陽平原へ……。終着駅の蘇澳まで、宜蘭線は変化に富んだ車窓風景が続きます。1924年、全長2167mの草嶺トンネルの完成によって全線開通。このトンネルは当時台湾で最も長い鉄道トンネルで、この記録は半世紀以上を経て北迴線に長大トンネルが完成するまで破られませんでした。

台鉄BT40型蒸気機関車

台湾の鉱山鉄道

20世紀半ばから、世界は石油を主なエネルギーとする時代へ入りました。それ以前、産業革命以来最も重要なエネルギーは石炭でした。台湾には豊富な石炭資源があり、その多くは北部の山間部に集中していました。石炭の採掘量はエネルギーの安定供給にとって重要であり、その輸送方法は極めて重要でした。

地下迷宮

石炭を採掘する炭鉱では、重い土砂を運ぶために坑内外にトロッコ用のレールが敷設されました。坑道の掘削が進むとレールは延長・分岐されていきます。複雑な坑道はまるで迷路のようで、レールは地底へと向かって延び、坑外では選炭場につながっていました。坑夫たちが苦労して採掘した鉱石は選炭場で石炭と廃石（ボタ）に分けられ、大量のボタは炭鉱近くに捨てられました。やがて廃土は捨石山（ボタ山）と呼ばれる小山になりました。

石炭を出荷する

工場で生産された真っ黒な石炭を出荷する際は、一部はナローゲージの軽便鉄道で輸送され、また一部は台湾総督府鉄道の駅まで直接運ばれました。1919年、宜蘭線では八堵から瑞芳に至る区間が開通。翌年には猴硐までまで延伸しました。1921年には、宜蘭線と接続して菁桐坑に至る炭鉱専用鉄道、現在の平渓線も開業します。これらの路線は基隆河峡谷に沿って建設され、当時台湾で最も重要だった北部石炭生産地の交通アクセスを改善しました。猴硐駅には隣接して巨大な選炭場跡があります。台湾で初めて石炭生産と輸送を一体化した設備で、現在では猴硐煤礦博物園区として非常に高い歴史的価値を備えています。

河底で輝く光

金は、かつて台湾が世界に誇ったもうひとつの鉱物でした。大航海時代、台湾の黄金伝説は西洋列強の船団の間でも噂となっていましたが、産業としては、清朝が鉄道を敷設する際、労働者が基隆河の河底で砂金を発見したことに始まります。九份と金瓜石で鉱脈が発見され、およそ100年間続く鉱山史が幕を開けました。金瓜石は銅も産出し、1933年には巨大な工場と鉄道が建設されます。工場は山肌に沿って順序よく配置され、斜面に整備されたケーブルカーがいくつもの坑道と工場とを接続。最終的に山裾にある鉄道駅まで輸送して、貨物列車に積み替えられました。鉱石を出荷する鉄道は762㎜軌間の軽便鉄道で、北部の海岸に沿って基隆港の八尺門にあった鉱砂埠頭まで敷設されました。

鉱山採掘場の終焉

1980年代、台湾では環境保護や労働問題への意識が高まっていきました。そこで高レベルの環境汚染をもたらす石炭、金、銅などの鉱業も議論の対象とされました。炭鉱労働者の労災とその安全性もなかなか改善されず、大規模な鉱山が次々と閉山へと追い込まれていきました。1990年代にはわずかに小規模な鉱山が石炭の採掘を続けていましたが、2001年には全ての鉱山が閉山しました。北台湾の各地に残された鉱山と鉱業鉄道の遺跡は、今では鉱石産業の歴史の語りべとして、苦労の多かった炭鉱労働者の労働を偲ぶ記念地となっています。

陰陽海

水湳洞選錬工場遺跡

瑞三鉱業選炭工場

21

列車は豪華の代名詞

　国民所得が低かった時代、長距離列車に乗ることは、今で言えば飛行機で遠出をするくらい贅沢なことで、普通は名家やビジネスマン、外国人旅行者くらいしか手が届きませんでした。しかも台湾人は長年、島の東西の移動を主としてきたので、南北に走る縦貫鉄道が開業しても、庶民の生活スタイルは変わらなかったのです。それでも、人々が大枚をはたいて南北を移動することがありました。その理由がおわかりでしょうか？台湾中部の北港を訪れて、媽祖さまをお参りするためだったのです。

複線増設

1922 年に海線竹南〜彰化間が開通し、台湾中部に急勾配が連続する山間部を避けたルートが完成しました。さらに台北、高雄など大都市とその周辺の輸送需要が高い地域では、線路を増設して複線化し、運行本数を増やしていきました。

台湾鉄道の黄金時代

縦貫鉄道の開通によって、台湾は近代化へ足を踏み入れます。産業の盛況に伴い鉄道による貨客輸送の需要も高まり、路線や設備が改良されていきました。さらに 1910 年代には台北〜高雄間で「急行列車」が運行を開始し、さらに食堂車や寝台車も登場しました。車両の内装はますます近代化され、速度と輸送力も進化を続けていきました。

鉄道が誘う旅

産業の発展に伴って人口が密集する大都市が形成され、人々の生活様式も変わっていきました。新北投温泉や、基隆・西子湾の海水浴場などを訪れる鉄道・バスの割引きっぷが発売されると、庶民の間にも都市近郊で手軽なレジャーを楽しむ習慣が根付いていきます。1927年に開催された「台湾八景」コンテスト*は、新聞広告を通じて多くの人の知るところとなり、選定地を訪れる人が急増しました。1930年代に入ると、日月潭発電所や嘉南大圳など超大型土木建設事業が続々と完成し、製糖工場も40カ所を超えて製糖鉄道が農村地帯の至るところで運行されるようになります。三大営林場も拡大を続けて、新たに台湾東部の営林場も加わりました。こうした産業にかかわる輸送は、ほとんどが鉄道に依存していました。当時、鉄道網は相当な規模になっていたので、当局も市民に対して、玉山や台湾八景など知名度の高い景勝地にはできるだけ鉄道を利用するよう勧めていました。

*1927年、新聞『台湾日日新報』が読者投票によって選んだ台湾を代表する8つの景勝地。

7時間半の奇跡

1935年、日本の台湾統治は40周年を迎え、総督府は大規模な博覧会を開催して台湾近代化の成果をアピールしました。博覧会の期間中、当局は台北への往復記念乗車券を発売して人々の来訪を促し、これが台湾の観光ブームを呼び起こします。鉄道部も、営業最高速度85km/hの新型蒸気機関車を日本から輸入し、客車も従来の木造車両に替えて、スピードも安全性もはるかに優れた鋼製車両を台湾で初めて導入しました。1939年、新型車両を導入した縦貫線の看板列車「急行列車」は、台北駅を9時30分に発って高雄駅に17時05分に到着するというダイヤを実現しました。台北〜高雄間を「わずか」7時間半で結んだのです！

CT250型 蒸気機関車

台北鉄道工場

鉄道路線の起点には通常「車庫」が設置されますが、これは鉄道車両にとってわが家のようなものです。機関車は、ここで日常的な、あるいは臨時の保守作業を受けます。機関車は運用につくたびに長距離を走るので、一定期間ごとに専門的な検査・修繕が必要となります。車両を徹底的に分解して部品を交換し、改造したり、組み立てたりするのです。こうした作業を行う場所を、「鉄道工場」あるいは「鉄路機廠」といい、技術先進国では、鉄道工場が新技術や新型車両の研究・実験といった任務も担っていました。知識と実践力を備えた鉄道員たちは、私たちが鉄道の旅を楽しむとき、心の中で感謝と敬意を払うべき縁の下の力持ちと言えるでしょう。

臺北機廠
Taipei Railway Workshop
松山荻場
0.75 km

見えないところでの神業たち

縦貫鉄道が全通した1908年当時、台北〜高雄間の所要時間は14時間以上かかりましたが、1939年には急行列車によって7時間半にまで短縮されました。このような列車の速度向上にはさまざまな理由があります。第一に、機関車の性能向上が挙げられますが、そればかりではありません。鉄道を利用する際は、きっぷを販売する出札係や改札係、車掌、そして誇り高き機関士など多くの職員に出会います。しかし鉄道を円滑に運行するには、乗客からは見えないところで働く職員も含めて、すべての人が24時間体制でスムーズに業務を遂行する必要があります。例えば、列車を安全かつ高速に運行するには、線路を検査・修繕する保線作業が常に必要ですし、限られた線路で高密度のダイヤを実現するには、熟練した職人に時刻表を作成してもらう必要があります。さらに、機関車や客車・貨車は日頃から十分なメンテナンスを行い、常に最高の状態を保たなくてはなりません。多くの人々の手によって、こうした職務が忠実に果たされた結果、初めて速くて快適な鉄道サービスを提供できるようになるのです。

台北鉄道工場の移転

台北鉄道工場は、台湾縦貫鉄道が正式に着工した1899年に設立されました。台北城北門の外、現在の台北駅西側にあった工場で、清朝時代に建てられた機器局工廠に、必要な設備を増設して誕生した施設です。1908年に縦貫鉄道が全通すると、鉄道工場の業務急増に伴い増築が決定します。その後も屏東線や海線、宜蘭線といった路線、さらには平渓線や集集線といった支線が次々と開業・延伸していった結果、鉄道工場はすぐに手狭となりましたが、用地の制限からそれ以上の増築はできませんでした。そこで1935年、台北鉄道工場は市東部の松山に移転します。当時の松山は、市街地となった現在とは異なり未だ稲穂が波打つ田園風景が広がっていました。新工場の設計デザインには、世界各国から最新技術と構造が取り入れられ、鉄筋コンクリート製の堅固な建築物が建設されました。

鉄道文化の古跡を残す──台湾国立鉄道博物館（台北機廠）

こうして建てられた工場が、現在の「台北機廠」です。1970年代までは車両の製造と組立を行っていましたが、その後は車両製造が内外のメーカーに発注されるようになり、メンテナンスが主な業務となります。鉄道の電化が始まると、蒸気機関車中心だった業務は次第に電気機関車や電車に移っていき、技術も時代とともに刷新されていきました。2012年、台北機廠は再び移転します。100年を超える台湾の鉄道史を強力に支えてきた施設は、台湾の近代的発展の重要な基盤となってきたことから、国定古跡（日本の重要文化財に相当）に指定されて保存されることになりました。広大な鉄道工場跡地は、将来、国立鉄道博物館へ生まれ変わる予定です。

第二次世界大戦と台湾鉄道

19世紀のアメリカ南北戦争において、鉄道はすでにその高く安定した輸送力によって、軍事的に重要な役割を果たしてきました。戦争は人類史上最も愚かで残酷かつ恐ろしい行為です。戦争によって伐採され破壊された森林はなかなか元通りにならず、過度に採掘された炭鉱では崩落事故も起こり、あらゆる努力と建設は、たった一度の空襲で灰燼に帰すこともあるのです。1937年、日本は中国を侵略し、1941年にはアメリカに奇襲攻撃を仕掛けました。これにより、台湾も第二次世界大戦における太平洋戦線の一部となることが避けられなくなったのでした。

軍用支線としての鉄道

戦争は台湾を日本の「南進基地」へと変えました。この時期、台湾には高雄戯獅甲のアルミ工廠や左営と楠梓の間にあった製油工廠、それから嘉義にあった燃料工廠など、多くの重工業地帯が建設されました。左営軍港や岡山、屏東、東港などに飛行場が増設・拡張されていき、軍事関連の産業が増えれば、当然輸送需要も増加します。戦時中は非常に厳しい動員力と効率性が求められ、大規模な兵站補給の輸送に欠かせない施設として管理されるようになりました。こうした大規模工場や港湾、飛行場、さらには台北や高雄に新しく建設された陸軍の倉庫は、全て鉄道で結ばれたのです。

空襲がもたらした破壊

第二次世界大戦末期の 1944 年、米軍は台湾各地の大規模工場や港湾、飛行場などを頻繁に空襲し、さらには駅や橋梁、鉄道工場なども主要な標的としました。鉄道が寸断されて鉄道工場も修繕機能を失えば、台湾における軍事輸送能力が無力化されるからです。特に高雄には軍港や飛行場、重工業などが集中していたため猛烈な空襲を受けました。駅や鉄道工場も空襲で完膚なきまでに破壊され、その機能を失ってしまったのです。

全ては軍事優先

戦時中は全てが軍事優先でした。政府は戦争のために軍用支線を新設しただけでなく、あらゆる建設能力が、軍事的な要求に合わせて調整されていったのです。東勢線の大甲渓鉄橋は資材不足のため完成せず、林辺～枋寮間でようやく開通した路線は、米軍が屏東南部の海岸に上陸してくることを恐れてすぐに撤去されました。西南平原地帯にあった製糖鉄道は、それぞれ異なる製糖会社が運営していましたが、軍事輸送のために統合するよう命じられました。

高雄港駅扇形車庫

高雄港駅

戦後の再建

戦後、台湾各地における鉄道の被害は大きく、発電所や機械工場、製糖工場なども全壊もしくは半壊状態にありました。幸運なことに、台湾鉄道、台湾電力、台湾製糖といった産業は、米国から資金援助を受けて新技術を導入する機会を与えられました。こうして、戦後の台湾の鉄道は、技術、経験、設備などあらゆる面で米国の強い影響を受け、それまでの日本式から米国式へ急速に変化しながら発展していくことになります。

戦争が台湾鉄道に与えた深い傷

第二次世界大戦中、台湾が空襲を受けた期間はさほど長くはありませんでしたが、戦時中は、鉄道施設を平時と同じように保守・修繕することはできませんでした。空襲による駅と車両の被害のほかにも、錆によるレールの破断や枕木の腐食が多発し、保守作業が行われなかった橋梁は劣化が進んで、列車通過時には速度を落として安全確認を行うなど、施設は非常に疲弊していたのです。鉄道で結ばれた機械工場や製糖工場も、ほとんどが空襲によって全半壊していました。鉄道の惨状を見れば、台湾に残された戦争の傷跡と、復興への長い道のりをうかがい知ることができました。

枕木の修理

米国による援助

1945 年 10 月、台湾は国民政府によって接収されました。当時国民政府は、表面上「戦勝国」とみなされましたが、実際には日本による 8 年に及ぶ侵略に加えて起こった「国共内戦」によって疲弊しきっていました。一方、米国はまさに国力の最盛期にあって、世界の警察の役割を進んで演じていました。各国の関係を安定させるために世界情勢を主導し、最終的に民主主義国家と共産主義国家の二大陣営による対立構造を作り出そうとしていたのです。民主主義陣営を堅固にするため、「米援」と呼ばれる援助によって多くの国々の復興を手助けしていきました。50 年間日本の統治を経験してきた台湾はインフラが整備されていたので、国民政府は台湾を共産党に対抗するための重要な拠点とみなしました。

米援によって再建された鉄道

米国による莫大な支援の下、新たに発足した台湾鉄路管理局（台鉄）や台湾電力、台湾製糖会社はすぐに直接的な資金援助を受けられました。台鉄は、この援助によって新たな枕木や橋梁を製造する工場を建設し、老朽化した設備を更新して鉄道施設を全面的に改修します。その結果、輸送力は徐々に戦前の水準にまで回復し、台湾復興の大きな原動力となっていきました。米国からの支援は曾文溪の複線橋梁といった新たな橋梁の建設や、セメント産業を開発するために建設された内湾線、徳基ダムや大雪山の山林場を開発するために建設された東勢線など、新たな路線の延伸にも活用されました。この2つの支線は、戦時中に建設が始まっていましたが、戦争激化により建設が中止されていた路線でした。

米援による復興とその他の産業

糖、林、塩、鉱業など、あらゆる産業が米援によって復興を支援されました。西南部の製塩場では、本格的な鉄道を構築しただけでなく、製糖鉄道に接続して、列車が製塩場から縦貫線の駅へ直通できるようにもなりました。国防上の理由から、多くの製糖鉄道が互いに延長・接続され、台中から高雄を経て屏東へと至る「南北平行予備線」が形成されます。この、軌間762㎜によるもう一つの縦貫線は、台湾で最も長い鉄道橋である西螺大橋で濁水溪を渡っていました。この橋梁は戦時中に橋脚は完成していましたが、米国の支援を受けてようやく鋼製の橋桁が架設され、竣工後は台湾を代表する鉄道・道路併用橋となりました（橋上にあった製糖鉄道は1979年に廃止）。

西螺大橋

さようなら！　蒸気機関車

第二次世界大戦中、米国は優れたディーゼルエンジンを開発しました。その動力は蒸気機関よりも強力で、エネルギー効率に優れていました。時間をかけて水を沸騰させる蒸気ボイラーと違ってエンジンの始動はすばやく、火室に投炭する専任の火夫が不要で人件費も抑えることができました。ディーゼル機関車によって運転環境も大幅に改善され、機関士はボイラーの高温に耐える必要がなくなり、乗客も機関車が吐き出す煤煙に悩まされることがなくなったのです。戦後、燃料油の供給が安定すると、ディーゼル機関車は急速に普及していきました。こうして、1950年代から70年代にかけて、先進国では次々と蒸気機関車が淘汰されてゆき、1世紀以上にわたって鉄道界を支配してきた蒸気動力は、鉄道の表舞台から去ることになったのでした。

ディーゼルエンジン

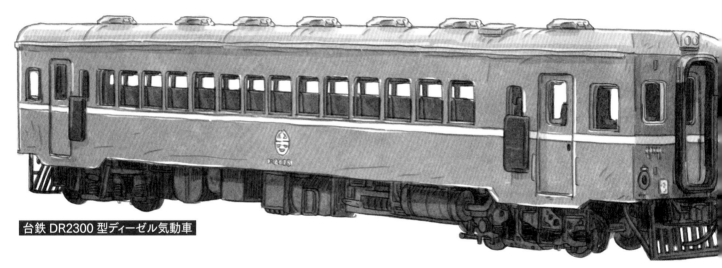

台鉄DR2300型ディーゼル気動車

蒸気から燃料油へ

1930年代、台湾の鉄道では早くもガソリンエンジンブームが起こりました。総督府鉄道だけでなく、製糖会社や阿里山鉄道も車体にエンジンを積んだ内燃動車、ガソリンカーを導入したのです。この新しいタイプの車両は、機械的なギアによって速度を変え、機関車を必要とせず、終着駅では直接折り返しが可能で機関車を付け替える必要がなくなるなど、非常に効率の高い方式でした。しかし、戦争が始まるとガソリンが特に重要な軍需品となったため、燃料不足となって動かすことができず、長らく休車状態にありました。

燃料油から電力へ

米国による支援を受ける時代になると、ガソリンカーは徐々に米国製ディーゼルエンジンに換装されていきました。その効果は良好で、製糖鉄道や森林鉄道でも、ディーゼルエンジンやアルコール燃料エンジン、そして液体変速機付き機関車の実験が行われました。1960年、台湾鉄道は米国人顧問の主導のもと、「電気式」ディーゼル機関車を導入します。これはディーゼルエンジンで発電した電気でモーターを回転させる方式です。そのパワーはすさまじく、ディーゼル電気機関車と呼ばれるほどでした。1970年代に入ると、林業と製糖業で使われる機関車は全面的にディーゼル機関車に置き換えられました。台湾鉄道も、100両を超える電気式ディーゼル機関車を導入しましたが、その多くが米国製でした。これらの機関車は極めてパワフルで耐久性があり、現在でもその勇姿を目にすることができます。

台鉄 R20 型電気式ディーゼル機関車

全面的な電気化

多くのディーゼル機関車が台鉄で活躍するようになると、蒸気機関車の活躍の場は徐々に減っていきました。主要幹線である縦貫線では、特急列車に代わって普通列車を牽引するようになり、貨物列車や駅構内の入換作業、あるいは宜蘭線や屏東線のような、輸送量の少ないローカル線に移っていきました。やがて縦貫線も全線電化が完成して電気機関車が増備されると、1979 年にほとんどの蒸気機関車が引退しました。その後も、国防上の理由から比較的新しい蒸気機関車が予備車両として残されましたが、それも 1983 年に全面的に使用が中止されました。

E100 型電気機関車

特急車両の進化

縦貫線の全通時、14時間以上かかっていた台北～高雄間の所要時間は、第二次世界大戦前には7時間半にまで短縮されました。これは、第一に車両性能の向上、第二に沿線の設備の改良、

高速のディーゼル車が登場

ディーゼル機関車の性能は抜群で、機関士や乗客たちからも好評でした。1955年、台鉄は最新鋭のディーゼルカーを輸入します。この車両は、台北～高雄間をわずか5時間半と空前の記録で結び、「高速車」としてその知名度を上げました。同じ頃、特急列車には女性乗務員が登場し、乗客にサービスを提供するようになりました。

観光（かんこう）号
──初の冷房車両

グァングアン

1961年、台鉄は新たな電気式ディーゼル機関車に新型の高級客車を連結して、特急「観光号」としてデビューさせました。スピードこそ高速車には敵いませんでしたが、台湾の鉄道史上初めて冷房が完備された列車でした。この時代、冷房は非常にめずらしい贅沢品で、全車両に冷房がついた列車は一般庶民の想像をはるかに超えた存在でした。

そして最後には不断の訓練を積み熟練した鉄道員たちの協力によって成し遂げられた結果でした。戦争による破壊ののち、台鉄は米国からの支援を利用して長年疲弊した軌道や橋梁、車両を改修し、ガソリンカーを徐々にディーゼルカーに改造して、信号保安システムも更新。こうして、運転管理や安全性などあらゆる分野の水準を引き上げていったのでした。

光華（こうか）号
——より速くより親しみやすく

台湾の経済状況が徐々に安定していくにつれ、鉄道サービスも進化を続けていきました。1966年に運行を開始した「光華号」も新世代のディーゼル特急で、台北〜高雄間の所要時間は4時間40分にまで短縮されました。高速車と同様、冷房完備ではありませんでしたが、そのスピードに加えて庶民にも優しい料金設定であったことから、多くの人たちから愛される列車となりました。

莒光（きょこう）号
ジュグァン
──鉄道旅行の新境地

高級サービスとしては、1970年に登場した「莒光号」が初めて大型ガラス窓を採用した車両です。白地に青のラインを配したデザインは、台湾の鉄道史上初となる明るいデザインで、優雅で洗練された外観は、鉄道が輝いていた時代の威厳と自信を表現しています。

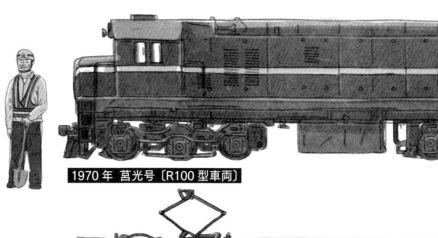

1970年 莒光号〔R100型車両〕

自強（じきょう）号
ズッチャン
──電化時代の到来

縦貫線電化の際、台鉄は英国から新型電車を輸入して、最先端の特急列車「自強号」をデビューさせました。従来、スピードと快適なサービスはそれぞれ別々の列車に提供されていました。ところが自強号以降の車両では、冷房完備の客室に優雅で上品なインテリアを装備しながら、台北〜高雄間をわずか4時間10分で結ぶという、スピードと快適さを兼ね備えた列車を実現したのです。

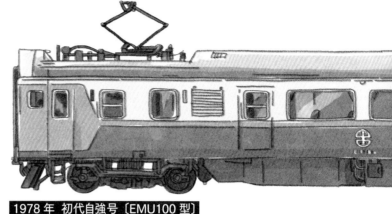

1978年 初代自強号〔EMU100型〕

車体傾斜式列車
──高速で曲線を通過する神業

自強号の登場と同じ頃、国道1号こと中山高速道路が全線開通して高速バスが発達し、台鉄は次第に交通における優位性を失っていきました。それからしばらくの間、台鉄は画期的な新型車両を発表できていませんでしたが、およそ30年後、ようやく「太魯閣号」と「普悠瑪号」を登場させました。この2つの特急型車両は、どちらも車体傾斜装置を搭載しています。これは、曲線区間において車体が自動的に内側に傾き、遠心力を打ち消して減速しなくても曲線を通過できる機能で、乗り心地も優れていました。

プッシュプル式自強号〔E1000型機関車〕

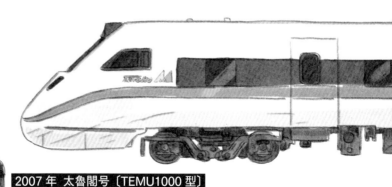

2007年 太魯閣号〔TEMU1000型〕

2013年 普悠瑪号〔TEMU2000型〕

島を一周した鉄道

戦後の復興を果たした台鉄は、往年の実力を取り戻しただけでなく、さらなる高みに向けて大幅な進化を遂げようとしていました。先進技術の導入によりスピードは大幅に向上し、地方支線の増加によって貨物や旅客、さらには軍事輸送など、サービスの幅を拡げてきました。

1世紀にわたり、数々の困難を乗り越えてきた台鉄は、建設を続けてきた北廻線と南廻線を相次いで完工。営業運転を開始し、ついに台湾全島をつなぐ鉄道網が完成したのです。

地方支線の再拡充

内湾線、東勢線、そして清泉空軍基地への連絡線である神岡線、発電所に石炭を運ぶ林口線、深澳線に加え、瑞芳を起点とする深澳線など、多くの地方支線が台鉄ファミリーに加わっていきました。深澳線は当初台鉄によって建設されましたが、後に金瓜石の採掘場から敷かれた軽便鉄道を活用し、線路幅を改軌して全線が開業しました。

北廻線の開通

1970年代、西部の縦貫線では電化工事が進んでいましたが、東部ではさらに大きな挑戦が行われていました。それが、蘇澳から花蓮に至る鉄道、いわゆる北廻線の建設です。およそ80kmとそれほど長距離ではありませんが、沿線には台湾中央山脈の主稜線が通っています。険しい山が幾重にも重なり、一方海に面した区間は断崖絶壁が迫って、川が海へと流れ出す河口付近だけが比較的平坦でした。蘇澳～花蓮間の交通は古くから船が頼りで、1932年にようやくバス路線が開通しましたが、往来する自動車はこの危険な断崖絶壁をハラハラしながらジグザグ運転しなくてはなりませんでした。1973年、北廻線の建設が正式にスタートします。単線で設計された北廻線には16ものトンネルがあり、総延長は30kmを超えました。このうち8本は全長が1959mから7740mとバラバラで、

これは当時の台湾では前代未聞の鉄道建設でした。全長7740ｍの観音トンネルは、2167ｍの宜蘭線草嶺トンネルをはるかに超えて、台湾最長のトンネルとなりました。難工事に向き合ってきた作業員たちは見事に困難を克服し、1980年2月1日、ついに北廻線が全通。台北と花蓮の心理的な距離は一気に縮まりました。

南廻線の竣工

北廻線が全通しても台鉄の建設が止まることはなく、すぐに次の目標を西部幹線の終着駅である枋寮へと定めます。ここが、南廻線の西側起点となりました。しかし、開通したばかりの北廻線と比べても、同じ中央山脈を越える路線とはいえ、南廻線の工事の難易度は、全くレベルが異なります。東側の太麻里〜大武間は、海岸沿いの急峻な地形をたくさんのトンネルで1本、また1本と貫きます。中央山脈を横断する枋山〜大武間は、ほとんど無人の山岳地帯。建設現場へのアクセスが極めて不便で、準備作業から実際の建設、物資の輸送まで、その難易度は北廻線とは比較にならないほど高いものでした。

1992年、あらゆる困難を乗り越えて、南廻線はついに開業しました。全長およそ100km。トンネルは全部で36本あり、トンネル総延長は40kmに及びます。中でも中央トンネルは全長8070ｍで、台湾で最長の鉄道トンネルという称号に輝きました。この南廻線の開通により、台湾一周鉄道の最後のピースがとうとうはめ込まれたのです。清朝時代の鉄道建設計画から数えれば、台湾全島を一周する鉄道の完成には、実に100年を超える時間を要したことになります。

鉄道の新陳代謝

列車が走る線路はすべて堅固な路盤の上に敷設されていますが、地形の変化に従って、ある時は渓流を渡り、またある時は山を越えていきます。一般の人から見ると、線路はいつも姿を変えないように見えるかもしれませんが、実際には車両と同様、常に新しいものに取り替えられています。例えば、古くなったレールは撤去され、より安定して走行できる新しいレールに交換されますし、蒸気の時代に建設された、狭小トンネルに電車の架線を設置するには、トンネル断面を拡大する工事を行います。曲線が多い区間や急曲線がある区間では、曲線を緩和した新線を建設して、列車がスムーズかつ安全に運行できるように改良しているのです。

単線から複線へ

1908年に縦貫線が開通した当時、全ての路線は単線でした。年々輸送量が増加するに従って複線区間が延伸し、今では縦貫線の全線が複線となっています。縦貫線で最後に開業したのは台中市近郊の三義〜豊原間でしたが、1998年にはこのうち三義〜后里間で大規模な複線・直線化工事が行われ、列車は長大トンネルや大規模橋梁を通過するようになりました。そして、旧線は観光鉄道「旧山線」に生まれ変わったのです。

ナローゲージを改軌

今日、台北〜台東間は普悠瑪号に乗れば4時間もかかりません。これは、車体傾斜式車両の優れた性能だけでなく、台湾東部の路線が過去数十年にわたって、設備の更新と改修を重ねてきた結果でもあります。北廻線が開通してからも、台湾西部からの列車は花蓮までしか行けませんでした。花蓮〜台東間の台東線が、日本時代に建設された軌間762㎜のナローゲージだったからです。1982年、台東線は改軌工事を完了し、台北から台東まで1本の列車が乗り換えなしで直通できるようになりました。以来、東部路線の輸送量は拡大し続け、宜蘭線、北廻線、台東線は順次複線化と電化が進められて、現在も工事が続けられています。複線電化により新設された北廻線の新観音トンネルは全長10307mに及び、現在台湾の鉄道で最も長いトンネルとなっています。

平面から立体へ

1980年代以降、台湾の高速道路網はどんどん充実し、車両数も大幅に増加しました。すると市街地の踏切が「開かずの踏切」となり、事故も頻発して社会問題化します。そこで、台北市を皮切りに「鉄道の地下化」が始まり、以来40年以上にわたる鉄道立体化時代が訪れました。新北市、台中市、嘉義市は高架鉄道化を選択した一方、高雄市、台南市、桃園市は地下化を選択。空に昇り地に潜る列車は21世紀の新しい鉄道風景となり、これらのプロジェクトは各自治体において現在も進行中です。

消えた地方支線

新たに生まれる路線があれば、当然消えていく路線もあります。自動車道との競争のなかで、鉄道は一度衰退したこともありました。利便性に欠け、道路交通での代替が容易な地方支線は苦境に立たされます。1990年頃には、淡水線、深澳線、東勢線、東港線などの地方支線が相次いで運行を停止。平渓線、内湾線、集集線だけが幸運にも存続しました。このうち淡水線は特殊なケースで、廃止の理由は乗客数の減少ではなく、台北市の都市鉄道計画によるものでした。

MRTシステム（都市鉄道）

世界最古の軌道や馬車鉄道、あるいは初期の蒸気機関車は、いずれも鉱山における貨物輸送の問題を解決するために生まれた技術でした。産業革命が生んだ蒸気鉄道は産業の成長を加速させ、大きな社会変化をもたらします。やがて大都市圏が形成されると都市における通勤輸送の需要が高まり、同時により多くの人が、都市部と地方を列車で往来するようになりました。旅客輸送はますます増え、鉄道はもはや貨物輸送のために建設されるものではなくなりました。

列車は地下へ

高層ビルが急増する都市部では、通勤人口が増加して鉄道の需要が高まっていましたが、都市部は「土一升に金一升」と言われるほど地価が高く、鉄道を建設できる土地はどんどん少なくなっていました。地上に新しい路線を建設できなければ、鉄道は地下に潜るしかありません。1863 年、英国ロンドンに「メトロポリタン鉄道」が開業します。これは旅客輸送に特化した世界初の地下鉄とされており、その後の都市鉄道のモデルケースとなりました。19 世紀末からは、ロンドンに続いてボストン、シカゴ、ニューヨーク、パリなどでも地下鉄や都市鉄道の建設が始まりました。

専用軌道での運行

台湾で、MRT（Mass Rapid Transit）と呼ばれる都市鉄道が計画されたのは 1980 年代に入ってからのことでした。欧米からは 100 年近くも遅れていましたが、そのおかげで最先端の技術を採用することができました。MRT の大部分は地下鉄か高架鉄道で、地上を走行する区間でも金網で外界から完全に遮断されているため、列車は安全に運行できます。運行システムは、ほとんどがコンピューターによって制御されており、従来の鉄道よりもはるかに高いレベルで自動化されています。MRT には多くの利点がありますが、その代償として建設コストが極めて高くつきます。

歓迎された開業

台湾で最初に開業した MRT は、台北 MRT 淡水線及び木柵線(現在の文湖線)です。淡水線は、地下鉄など<ruby>木柵<rt>もくさく</rt></ruby>線（現在の文湖線）です。淡水線は、地下鉄などと同じ大量軌道輸送システムとして計画され、廃止された台鉄淡水線の軌道跡を利用して建設されました。一方木柵線は、台北市街地を高架線で結ぶ新交通システムで、中量軌道輸送システムに分類される路線です。木柵線は、台湾初の MRT として 1996 年に開業しました。翌年には淡水線も開業し、路線網は徐々に拡大していきました。今日では、台北市内の MRT 路線の総延長は 150㎞を超えています。

発展の現況

先進的で自動化された MRT システムは、台北市に最先端都市という優れたイメージをもたらし、都市文化として根付きました。その結果、台湾各地の大都市も、MRT システムの整備に乗り出します。しかし建設コストの高さから、現在のところ台北市以外で MRT が運行されているのは、高雄、桃園、新北及び台中に留まります。台中 MRT と新北環状線は中量軌道輸送システムであり、桃園 MRT は唯一快速列車が運行されている路線です。また、高雄と新北では次世代路面電車であるライトレールシステムも運行されており、台湾ではこれも MRT の一部と見なされています。

高速鉄道の時代

スピードの追求は、鉄道技術にとって200年以上にわたる不変の目標であり、機関車の設計者や鉄道会社の大きな競争分野でした。蒸気の時代から、さまざまな動力を試行錯誤してきた機関車は、そのスピード記録を絶えず更新し続けてきました。新たに開発された電気システムと専用軌道を使用し、快適性と安全性も考慮して設計された高速鉄道は、最高速度300km/hを超えるスピードとは気づかないほどスムーズに走行します。

蒸気の時代

19世紀、英国のロンドン〜スコットランド間は、機関車が速度を競う区間として知られていました。二つの鉄道会社が運行する特急列車は、午前10時にロンドンの別々の駅から出発すると、それぞれ東海岸線と西海岸線を北上し、静かな、しかし激しい競争を繰り広げていたのです。蒸気機関車の世界最高速度記録もこの路線で樹立されました。1938年7月3日、A4形4468号機関車「マラード号」が、時速203kmを記録したのです。日本でも、1952年にC62形17号機が試験走行で時速129kmを記録し、軌間1067mmの狭軌鉄道として世界最速を記録しました。

高速鉄道の誕生

マラード号が打ち立てた記録を破る蒸気機関車は現れませんでしたが、その後はディーゼル機関車と電気機関車が新たな主役となりました。早くも1930年代から40年代にかけて、ドイツと米国では200km/hを超えるディーゼル機関車の製造が試みられていました。第二次大戦が終わると、フランスも200km/hを超える電気機関車を世に送り出しましたが、これらの速度記録はすべて試験車両によるものでした。営業列車として、史上初めて200km/hを超える列車を実現したのは、1964年に開業した日本の東海道新幹線でした。0系電車はまず最高速度210km/hで運行をスタートさせ、徐々に220kmまでスピードを上げていきました。

営業運転の最高速度
220 km/h
東海道新幹線 0系電車

百家争鳴

それ以来、日本、フランス、ドイツの高速鉄道は、世界の高速鉄道技術をリードする存在となりました。これらの国はしばしば技術的革新を果たし、最高速度を更新してはその技術を他国に輸出していきました。日本、フランス、台湾も含めて、現代の高速鉄道は300km/hを超えるスピードで営業運転を行っています。

営業運転の最高速度
316 km/h
ドイツ ICE 列車

営業運転の最高速度
320 km/h
フランス TGV 列車

THSR 台湾高速鉄道

台湾の高速鉄道は1990年代に計画がスタートし、車両は日本の東海道・山陽新幹線700系電車をモデルに、台湾高速鉄道（THSR）700Tが開発されました。Tは台湾を意味しています。2007年に開業した台湾高速鉄道は、台北〜高雄間をわずか1時間半で結び、台湾西部を「一日生活圏」に変えました。

営業運転の最高速度
300 km/h
台湾高速鉄道

営業運転の最高速度
203 km/h

マラード号

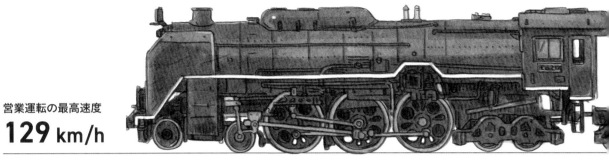

営業運転の最高速度
129 km/h

C62 形 17 号蒸気機関車

鉄道文化ルネッサンス

人類が作り上げたあらゆる建築物と同じく、鉄道文化もまた時間の試練に向き合わなくてはなりませんでした。台湾の道路網が整備されたことで、鉄道輸送の重要性もずいぶんと変わってしまいました。ドア・ツー・ドアの利点は自動車輸送には及ばず、さらに都市と地方の発展が変化したため、地方支線は徐々に廃止されていきました。小さな駅の多くは乗降する乗客がいる場合のみ停車するリクエスト・ストップへ降格され、廃駅になる場所もありました。しかし鉄道の精神は同時に「文化ルネッサンス」の段階へと進みつつあります。鉄道の懐かしい味わいは多くの人にとって大切な思い出であり、また新しい世代の人々にも影響を与えながら、この新旧併せ持つ移動文化の再評価につながっています。

鉄道輸送の没落

1970年代、台湾の国民所得が大幅に上昇し、加えて都市部と地方をつなぐ道路の整備が進んだことで、乗用車やトラック、バス等を利用する人は大幅に増えていきました。1979年に高速道路が開通すると、70年以上にわたって台湾西部に続いてきた鉄道を中心とする交通システムは大きく変わりました。鉄道は依然として高速かつ安定した輸送機関で、電化後はさらに高速化を実現しましたが、自動車のような「ドア・ツー・ドア」の利便性に欠けていました。国土の小さな台湾において鉄道が自動車に対抗することは難しく、その重要性は低下していったのです。

地域文化とノスタルジー

台鉄の多くの地方支線も、自動車交通の影響により次々と廃止されていきました。1990年代初頭、幸運にも存続した旅客支線は、平渓線、内湾線、集集線の三路線だけとなっていたのです。一方この頃、台湾社会では台湾独自の文化を尊重する「本土化」の気運が高まり、人々は地元地域に関心を抱き始めていました。当時廃線の危機にあった地方支線は、産業不況がもたらしたノスタルジーによって旅行者の人気を集めることになります。昔ながらの地方支線の風景は、地方自治体が地域の観光産業の活性化を図る、格好の目玉となりました。

彰化扇形車庫

古風な機関車がもつ味わい

地方支線から始まり、古い駅、老朽化した旧式機関車……。本来、徐々に人々の目に触れなくなり、過去の記憶となるはずだったこれらの存在が近年、鉄道文化を愛する郷土史家らによって再発見されています。1995年、解体寸前だった台中駅や彰化の扇形車庫などが、市民の支持によって保存されることになりました。華やかなターミナル駅に上品な小駅、多くの橋梁やトンネルなど、鉄道の遺構が次々と文化財に指定・保存され、引退していた蒸気機関車も復活しました。現在は、台鉄、阿里山森林鉄道、そして製糖観光鉄道で復元された蒸気機関車が運行されています。停車時には煙を薫らせ、動き出せば優雅にゆったりと走る蒸気機関車の姿は、多くの人を魅了する大スターとなっています。

騰雲号

スピードと温もり、動く流行──台湾鉄道文化

MRTや高速鉄道が人気の今日、悠久の歴史を持つ台鉄は、都市部で鉄道の「MRT化」に着手すると同時に、鉄道旅行や文化観光を推進してきました。文化財はかけがえのない宝物であり、観光客を誘致するために台湾各地に鉄道文化圏が設けられています。不断の進歩と近代化を進める鉄道において、古い鉄道建築や機関車・車両はどれも大切な歴史の証人たちであり、後世の人々に、往年の鉄道文化に直接触れる機会を与えているのです。

台湾鉄道 CT150 型蒸気機関車

台湾鉄道 CT270 型蒸気機関車

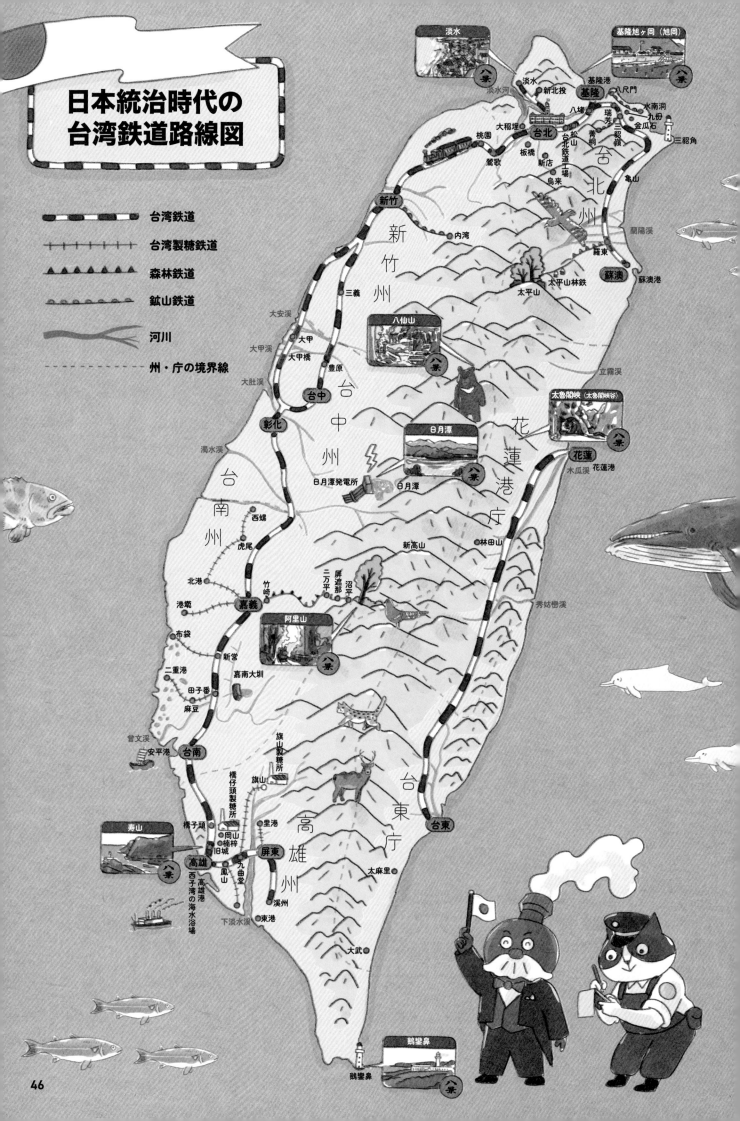

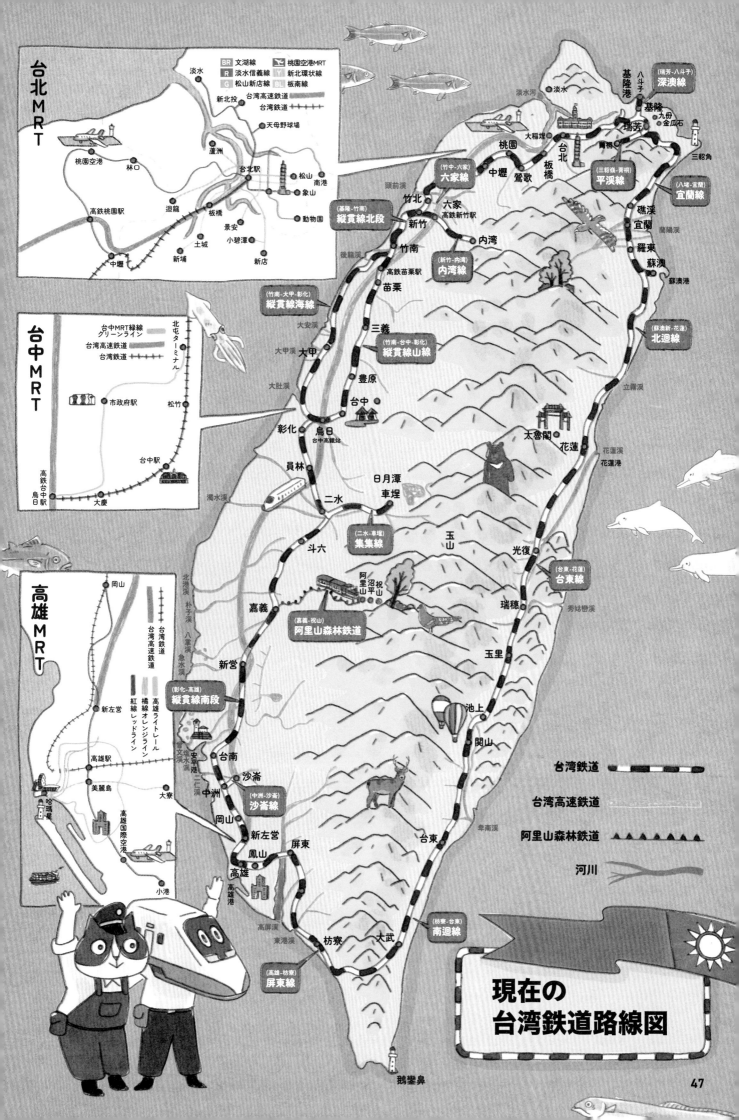

現在の台湾鉄道路線図

台北MRT

BR	文湖線
R	淡水信義線
G	松山新店線
✈	桃園空港MRT
Y	新北環状線
BL	板南線

台湾高速鉄道
台湾鉄道 ＋＋＋＋

淡水　新北投　天母野球場　松山　南港　象山　動物園　新店　小碧潭　景安　土城　新埔　中壢　迴龍　板橋　台北駅　蘆洲　林口　桃園空港　高鉄桃園駅

台中MRT

台中MRT緑線　グリーンライン
台湾高速鉄道
台湾鉄道 ＋＋＋＋

北屯ターミナル　市政府駅　松竹　台中駅　高鉄台中駅　烏日駅　大慶

高雄MRT

岡山　新左営　高雄駅　美麗島　哈瑪星　高雄国際空港　小港　大寮　鳳山

台湾鉄道
台湾高速鉄道
高雄ライトレール
橘線オレンジライン
紅線レッドライン

北港渓　朴子渓　八掌渓　急水渓　曾文渓　二仁渓　高屏渓　東港渓

淡水河　大稲埕　桃園　台北　板橋　鶯歌　中壢　竹北　新竹　竹南　苗栗　三義　大甲　豊原　台中　彰化　烏日　台中高鐵站　員林　二水　斗六　嘉義　新営　台南　沙崙　中洲　岡山　新左営　鳳山　高雄　屏東　枋寮　大武

基隆港　基隆　八斗子　九份　金瓜石　瑞芳　菁桐　三貂角　礁渓　宜蘭　羅東　蘇澳　蘇澳港

淡水河　頭前渓　後龍渓　大安渓　大甲渓　大肚渓　濁水渓　蘭陽渓　立霧渓　花蓮渓　花蓮港　秀姑巒渓　卑南渓

太魯閣　花蓮　日月潭　車埕　阿里山　沼平　祝山　玉山　光復　瑞穂　玉里　池上　関山　台東　鵝鑾鼻　高雄港

路線名

- （瑞芳-八斗子）深澳線
- （三貂嶺-菁桐）平渓線
- （八堵-宜蘭）宜蘭線
- （蘇澳新-花蓮）北迴線
- （台東-花蓮）台東線
- （枋寮-台東）南迴線
- （高雄-枋寮）屏東線
- （彰化-高雄）縦貫線南段
- （中洲-沙崙）沙崙線
- （嘉義-祝山）阿里山森林鉄道
- （二水-車埕）集集線
- （竹南-大甲-彰化）縦貫線海線
- （竹南-台中-彰化）縦貫線山線
- （新竹-内湾）内湾線
- （竹中-六家）六家線
- （基隆-竹南）縦貫線北段

台湾鉄道	■■■■■
台湾高速鉄道	————
阿里山森林鉄道	∧∧∧∧
河川	〜〜〜

47

●作者紹介

文 **古庭維** （グー・ティンウェイ）

1983 年台北生まれ、「竹山人」（南投県竹山鎮出身）としてのアイデンティティを持つ。幼い頃に台北と南投の間をしばしば行き来していたので、鉄道にさまざまな思い出を持つ。

趣味は、昆虫、天文、音楽、料理、美食など多彩。写真が好きで風景写真家を夢見たこともあったが撮影技術が及ばず、作品に合う言葉を探すようになり、編集・出版の道へ。2006 年に鉄道文化を広める雑誌『鉄道情報』を引き継ぎ、文化資産と博物館関連の多くの仕事に携わるようになる。16 年に春臨台湾文化事業坊を設立し、台湾の鉄道文化の保存と普及に努める。もう一つの趣味は登山で、郊外の低山から中級山岳、高山、古道、遺跡などを巡り歩いている。登山と鉄道の共通点は森林鉄道や山頂から俯瞰した鉄道風景である。

現在は不自由なフリーランスで、雑誌『鉄道情報』の編集長や旧打狗駅物語館（高雄にある鉄道博物館）の館長、台湾交通文化資産保存学会常務理事などを務める。

絵 Croter

1978年高雄生まれ、本名は洪添賢（ホン・テェンシェン）。
デザイナー兼イラストレーター。
2004年から独立して創作とデザインを始める。
多様な作画スタイルとデザインの混合を得意とし、シュールな変異手法を用いたイラストを好む。神話と風刺的なユーモアを織り交ぜ、天真爛漫な語り口でゆるゆると人生や社会の現実を語る。
21年に詩人の王子苗と絵本『何がきみを連れ去ってしまうのか』を共作、翌年イタリアのボローニャ・ラガッツィ賞の100冊、第46回金鼎賞の図書イラスト賞（台湾）に選ばれた。
高雄在住、日々現実の大きさと創作の理想との狭間でペンを片手に奮闘中。

［監修者略歴］

栗原景 （くりはら・かげり）

1971 年、東京都生まれ。旅と鉄道、韓国を主なテーマとするフォトライター、ジャーナリスト。著書『東海道新幹線の車窓は、こんなに面白い！』（東洋経済新報社）、『テツ語辞典』（絵：池田邦彦、誠文堂新光社）、『アニメと鉄道ビジネス』（交通新聞社）、『鉄道へぇ〜事典』（絵：井上広大・米村知倫、交通新聞社）、『国鉄時代の貨物列車を知ろう──昭和 40 年代の貨物輸送』（実業之日本社）など多数。

［訳者略歴］

倉本知明 （くらもと・ともあき）

1982 年、香川県生まれ。立命館大学大学院先端総合学術研究科修了、学術博士。
台湾文藻外語大学准教授。2010 年から台湾・高雄在住。共著『戦後史再考──「歴史の裂け目」をとらえる』（平凡社）、訳書に呉明益『眠りの航路』、王聡威『ここにいる』、伊格言『グラウンド・ゼロ──台湾第四原発事故』（ともに白水社）、游珮芸・周見信『台湾の少年』（全 4 巻、岩波書店）など。

台湾鉄道

2024 年 6 月 15 日　印刷
2024 年 7 月 10 日　発行

文　　　古庭維
絵　　　Croter
監修者　Ⓒ栗原景
翻訳者　Ⓒ倉本知明
装幀者　奥定泰之
発行者　岩堀雅己
発行所　株式会社白水社
　　　　〒 101-0052
　　　　東京都千代田区神田小川町 3-24
　　　　電話　営業部　03-3291-7811
　　　　　　　編集部　03-3291-7821
　　　　振替　00190-5-33228
　　　　https://www.hakusuisha.co.jp

印刷所　TOPPAN クロレ株式会社
製本所　株式会社松岳社

台灣鐵道 History of Taiwan Railways
Copyright © 2022 by 古庭維 Tingwei Ku (Author) & Croter (Illustrator)
All rights reserved.
Originally published in Taiwan in 2022 by Azure Publishing House
Japanese edition published in 2024 by Hakusuisha Publishing Co., Ltd.
under the license from Azure Publishing House
through Power of Content Co., Ltd.

This book was sponsored by the Ministry of Culture, Republic of China (Taiwan).